Le Temps qui détruit tout agrandira leurs Noms.

DESCRIPTION
DES ÉCOLES
DE CHIRURGIE,

DÉDIÉE

A Monsieur DE LA MARTINIERE,
Conseiller d'État, Chevalier de l'Ordre du Roi, premier Chirurgien
de Sa Majesté.

Par M. GONDOIN, Architecte du Roi, Dessinateur des Meubles de la Couronne.

A PARIS,
De l'Imprimerie de PH.-D. PIERRES, Imprimeur ordinaire du Roi.

Et se trouve

Chez CELLOT & les freres JOMBERT, Libraires, rue Dauphine.

M. DCC. LXXX.

Le Temps qui détruit tout agrandira leurs Noms.

DESCRIPTION
DES ÉCOLES
DE CHIRURGIE,

DÉDIÉE

A Monsieur DE LA MARTINIERE,
Conseiller d'État, Chevalier de l'Ordre du Roi, premier Chirurgien
de Sa Majesté.

Par M. GONDOIN, Architecte du Roi, Dessinateur des Meubles de la Couronne.

A PARIS,
De l'Imprimerie de P<small>H</small>.-D. PIERRES, Imprimeur ordinaire du Roi.

Et se trouve

Chez CELLOT & les freres JOMBERT, Libraires, rue Dauphine.

M. DCC. LXXX.

A MONSIEUR

DE LA MARTINIERE,

CONSEILLER D'ÉTAT,

CHEVALIER DE L'ORDRE DU ROI,

PREMIER CHIRURGIEN DE SA MAJESTÉ.

Monsieur,

Le regne des grands Princes fut toujours signalé par le choix & par la faveur des Hommes les plus capables de concourir à leurs vûes bienfaisantes. C'est ainsi que jouissant à juste titre de la confiance d'un

EPITRE.

Monarque chéri, vous avez dirigé sa munificence sur un Art salutaire. C'est à votre influence, à vos soins, à votre vigilance que la Chirurgie doit les progrès qui rendent l'École Française célèbre chez tous les Peuples. L'Edifice, où la Théorie réunie à la Pratique donne ses utiles Leçons, s'est élevé sous vos auspices, & mes talens exaltés par l'honneur de réaliser les projets que vous en aviez conçu, oserent en entreprendre l'exécution.

R<small>ECEVEZ</small> donc, MONSIEUR, comme votre ouvrage, ce Recueil des plans, des coupes & des élévations de l'École de Chirurgie. Daignez accepter ce témoignage public de ma reconnoissance.

Je suis avec respect,

MONSIEUR,

Votre très-humble & très-obéissant serviteur,

Gondoin.

DESCRIPTION

DES ÉCOLES DE CHIRURGIE.

OBSERVATIONS PRÉLIMINAIRES.

L'ARCHITECTURE ne paroît pas, au premier aspect, ressembler aux autres Arts, son imitation moins apparente que celle de la Peinture & de la Poésie, n'est sensible qu'à l'œil de l'Observateur exercé, qui fait découvrir les causes des grands effets dans les contrastes, dans la symmétrie & dans la simplicité. Par le charme de leur union, l'Architecture grecque donne un air de grandeur & de perfection à ses Édifices : en imitant ainsi la nature, elle frappe l'ame d'une sensation forte & majestueuse.

Les ouvrages multipliés que nous avons sur l'Architecture, répandent les connoissances théoriques de cet art difficile : on en trouve par-tout des préceptes ; néanmoins les exemples & la comparaison peuvent seuls l'élever au point de perfection qu'il semble vouloir atteindre dans ce siecle.

Convaincus que les monuments des Grecs & des Romains par leur magnificence, par leur pureté, par leur grandeur, enfin par leur perfection, doivent servir d'exemples & de guides, nos prédécesseurs en ont fait leur unique étude ; mais, ou timides imitateurs ils n'ont osé s'élever jusqu'aux idées primitives, & charmés seulement de la beauté des formes, ils les ont appliquées sans choix, ou trop pleins de cet orgueil qui veut ajouter, corriger ou innover, ils ont amoncelé les ordres, ils ont élevé des bâtiments monstrueux qui deshonorant l'Artifte, égarent tous ceux qu'un goût dépravé entraîne à les applaudir, & à les imiter.

Depuis le renouvellement & l'adoption des ordres antiques, on éleva dans Paris & aux environs, des Palais dont les détails d'un très-beau ftyle auroient pu fervir à propager le bon goût, fi les regnes propices de François I & d'Henri II avoient duré davantage.

Sous Louis XIV, l'émulation fut excitée, l'art fut encouragé, mais l'Architecture n'acquit ni la pureté, ni l'élegance, ni la grandeur, ni cet air d'originalité qui, même dans l'imitation, diftingue les productions du génie.

On a vu dans notre fiecle des hommes habiles s'élever, & nous ouvrir une carriere plus vafte: cependant foit que ces Artiftes célébres fe livrant à la fécondité d'une imagination brillante, aient négligé de donner à chaque ouvrage le caractere convenable, foit qu'ils n'aient pas jugé cette diftinction néceffaire, parce que la rareté des monuments en éloignoit la comparaifon, leurs productions ne peuvent nous guider aujourd'hui que la multiplicité des bâtiments élevés en France, & fur-tout à Paris, nous oblige à nous occuper des moyens d'en diftinguer, & d'en fixer le caractere. C'eft fur cette importante partie de l'Architecture, peut-être une des plus effentielles, fans doute la plus difficile, que les critiques s'exercent davantage: mais la connoît-on bien, fi ceux même qui paroiffent en raifonner le mieux, échouent dans l'exécution ?

Laiffons le Public juger, lequel des Architectes de Saint Sulpice ou de Sainte Geneviéve, a le mieux imprimé le caractere de Temple; fi les Galeries en colonnes qui ne font d'aucun ufage fur la façade d'une Eglife, y conviennent mieux que la fimple & noble ordonnance d'un portique couronné par un fronton majeftueux.

PRÉLIMINAIRES. 7

Je foumets au Public, toujours équitable, les motifs qui m'ont déterminé dans la conftruction des Écoles de Chirurgie. Un monument de la bienfaifance de nos Rois, me fuis-je dit, doit porter un caractere de magnificence relatif à fa deftination, une École dont la célébrité attire un grand concours d'Éléves de toutes les Nations, doit paroître ouverte & d'un accès facile. L'abfolue néceffité des colonnes pour remplir ces deux objets, fuffiroit feule à me juftifier du reproche de les avoir trop multipliées.

Si les détracteurs féveres de ce fimple & noble ornement de l'Architecture vouloient foumettre leurs préjugés à l'autorité des anciens, je ne manquerois pas d'exemples pour les convaincre. Pompéïa & Stabia petites villes de la Calabre, me fourniroient feules les preuves du fréquent ufage des colonnes dans les fiecles du bon goût. Les cours des maifons, les jardins même en étoient ornés; les cafernes des foldats, les bains des particuliers, les maifons de campagne, reftes de la plus belle antiquité que l'on découvre préfentement, en font remplis. Dans plufieurs autres villes, j'indiquerois, parmi les Édifices publics, les théâtres, les amphithéâtres, les portiques deftinés aux leçons de Philofophie, les gymnafes, enfin tous les lieux confacrés à l'inftruction & aux exercices.

Mais fi les exemples de notre temps font pour eux d'un plus grand poids, je citerois pour ma juftification les monuments de Victor-Amédée & de faint Charles-Borromée. Ces deux grands Hommes firent employer les colonnes avec profufion dans les Édifices deftinés à l'enfeignement. Tels font à Turin l'Univerfité, à Milan le College Helvétique, dont la magnificence ne cede à aucun ouvrage moderne.

C'eft d'après ces confidérations, que difpofant une colonnade à travers laquelle la vue pût fe porter jufqu'au lieu principal, l'amphithéâtre; j'ai voulu produire un effet dont l'aspect, non-seulement arrêtât, mais appellât les spectateurs; c'est ainsi que cédant à la nécessité de former ma cour dans un espace resserré par les rues des Cordeliers & du Paon, j'ai tâché de la vaincre en donnant à cette cour une étendue plus vaste en apparence, & en la réunissant, pour ainsi dire, au péristile. Aurois-je mieux rempli mon objet, si substituant des arcades aux colonnes pour mettre les Éléves à couvert, j'avois formé des portiques que l'usage a consacré aux cloîtres?

Par un effet tout opposé dans le projet des Prisons, en ne laissant que très-peu d'ouvertures, j'ai voulu donner un caractère de solidité, & annoncer la sûreté publique.

La façade de l'Eglise devant produire un effet principal sur la place, je l'ai décorée avec l'ordre que j'ai jugé le plus majestueux, & j'ai placé le frontispice du portique sur un fond intermédiaire, pour adoucir le passage de la rudesse des prisons, à la richesse indispensable d'un Temple.

EXPLICATION

EXPLICATION
DES PLANCHES.

PLANCHE I.

Plan d'une portion du Quartier du Luxembourg, qui comprend le nouveau Théâtre de la Comédie Françaife, les nouvelles Écoles de Chirurgie, la maffe du projet de la Place à conftruire devant les Écoles de Chirurgie, le projet des Prifons civiles fur l'emplacement des Cordeliers, celui des Caſernes pour le Guet à cheval, & le percement des rues concerté avec les Architectes de la Comédie Françaife.

Les parties marquées en jaune indiquent les terreins dépendants de l'Hôtel de Condé, fur lequel on bâtit le Théâtre.

Ce qui eft en rouge, diftingue les terreins appartenants aux Cordeliers.

Ce Plan fut projetté en 1778 pour être joint, ainfi que l'eftimation des terreins, aux Lettres-Patentes.

PLANCHE II.

Plan préfenté & agréé en 1771 pour faire une Place devant les Écoles, & former du cloître des Cordeliers des Prifons pour les Débiteurs infolvables. Cette planche étoit gravée, lorfque l'Edit fur les Domaines & Bois, du mois d'Août 1777, fut rendu : on en remit un exemplaire au Roi qui en connoiffoit le projet, & en avoit fenti la néceffité quand Sa Majefté vint pofer la premiere pierre. Le fieur Gondoin en préfenta le même jour à M. le Directeur Général des Finances, ainfi qu'à tous les Miniftres & aux Magiftrats. Il ne s'agiffoit alors que d'obtenir des Cordeliers leur cloître & la portion de l'Églife néceffaire pour faire la Place ; ces RR. PP. n'ayant pas accepté de propofitions, la commiffion des Réguliers préfidée par Monfeigneur le Garde des Sceaux, fecondant les vues du Miniftere, propofa l'échange de l'emplacement des Cordeliers avec celui des Céleftins. Le fieur Gondoin reçut ordre de faire de nouveaux projets, & une eftimation de tous les terreins & bâtiments qui en dépendoient ; c'eft fur fes fpéculations que l'on a apperçu le bénéfice, par l'avantage du percement des rues qu'il propofoit.

EXPLICATION

L'Eglife de faint Côme trop petite & en mauvais état, eft un obftacle au percement de la grande rue néceffaire au débouché de ce Quartier, on avoit jugé convenable de former du chœur de l'Eglife des Cordeliers, une nouvelle Paroiffe pour fuppléer à celle qu'on détruiroit. Les conftructions néceffaires pour les nouveaux établiffemens, font marquées en rouge. On peut juger à leur infpection de la médiocrité de la dépenfe qu'elles occafionneroient.

PLANCHE III.

VUE perfpective comprenant les Ecoles de Chirurgie, les Prifons civiles, dont l'entrée principale eft par la rue de l'Obfervance, la Fontaine faifant face aux Ecoles, & le Portail de la nouvelle Paroiffe de S. Côme.

PLANCHE IV.

COUPE géométrale des Ecoles, de la Fontaine & d'une partie de l'intérieur du cloître des Cordeliers, deftiné aux Prifons tel qu'il exifte ; avec la façade du Portail à conftruire.

PLANCHE V.

FAÇADE géométrale des Prifons, de la Fontaine en face des Écoles, & Coupe du Portail projetté, & de la portion reftante de l'Église des Cordeliers.

PLANCHE VI.

Plan du Rez-de-chauffée des Écoles de Chirurgie.

L'AMPHITHÉATRE principal placé au fond de la grande cour, contient 1400 Élèves; 14 Profeffeurs y enfeignent les différentes parties de l'Art: il eft ouvert tous les jours, matin & foir, & tout le monde y eft admis.

L'amphithéâtre des Sages-Femmes eft pour les femmes & filles qui fe deftinent à l'art des Accouchemens; deux Profeffeurs en donnent les leçons, & démontrent toutes les opérations qui y font relatives: il contient 150 perfonnes.

Les Élèves reçoivent dans le laboratoire de Chimie les leçons de cette fcience; ils y apprennent la propriété & les préparations des Médicamens. Le Roi fonda la Chaire du Profeffeur, quand il vint pofer la premiere pierre. L'Hôpital eft un autre bienfait de Louis XVI; on y traite les Maladies chirurgicales d'une nature extraordinaire ; les Maîtres y multiplient leurs obfervations, & les Éleves s'y inftruifent de la pratique.

La falle des Actes, contenant 1200 perfonnes, eft deftinée aux Séances, aux Thèfes & aux autres Actes publics.

L'École-pratique où les Éleves qui ont remporté les prix, s'exercent à difféquer, & à répéter les opérations fur les cadavres, eft la pépiniere d'où l'on tire les Chirurgiens pour le fervice des armées. M. de la Martiniere, au zèle duquel on eft redevable de cet établiffement, pour en augmenter l'utilité, vient d'ajouter à fes frais deux nouvelles Chaires, aux deux qui exiftoient auparavant.

PLANCHE VII.

Plan du premier Étage.

LA Bibliothéque, compofée de livres de Chirurgie & de Médecine, eft continuellement augmentée par un fonds annuel que M. de la Peyronie, premier Chirurgien du feu Roi, a légué pour cet objet. Elle a 94 pieds de longueur & 18 pieds de largeur.

Le cabinet d'Anatomie renferme toutes les pieces extraordinaires & fingulieres. On y conferve les inftruments de Chirurgie, tant anciens que modernes; ce cabinet décoré du portrait de Louis XV, donné par ce Prince, a 35 pieds de long fur 18 pieds de large.

La falle de l'Académie eft deftinée à la réunion de tous fes Membres. Ils s'y affemblent tous les Jeudis de chaque femaine, pour entendre la lecture des Mémoires ou Obfervations des Maîtres en Chirurgie, membres de l'Académie, ainfi que ceux des Savants régnicoles & étrangers, & pour differter fur toutes les parties de l'Art. On y apporte fouvent des portions de fujets qui fervent à éclaircir les différents points en difcuffion, fur la nature même. Elle eft difpofée de maniere que tous les Académiciens peuvent voir & entendre. Cette piece de 32 pieds en quarré, éclairée par trois croifées fur la grande cour, reçoit encore par le haut un très-grand jour qui eft abfolument néceffaire aux obfervations anatomiques. Elle fera décorée du portrait du Roi Louis XVI, & l'eft déjà actuellement de celui de Louis XIV, & de plufieurs autres Tableaux.

La falle du Confeil où l'on traite toutes les affaires contentieufes de la

Compagnie, est décorée du portrait de saint Louis (*), & de ceux des Chirurgiens les plus célèbres.

Le Bureau d'Administration composé d'un comité choisi entre les Membres de la Compagnie, est chargé de la régie & de l'emploi des fonds, & de veiller à l'ordre général des Écoles & de l'Hôpital.

Tous ces établissemens sont présidés par le premier Chirurgien du Roi, & en son absence, par son Lieutenant, Inspecteur des Écoles, auquel on a donné un logement pour qu'il fût plus à portée de remplir ses fonctions. Le Bibliothécaire devant veiller à la conservation des livres, & à la rentrée de ceux que les Maîtres sont dans le cas de consulter, a son logement tenant à la Bibliothéque.

On a pratiqué dans les entresols & à d'autres étages plusieurs logements, tels que ceux du Chapelain, de l'Appariteur, du Prévôt de l'École-pratique, des Gardes-malades, &c.

(*) On sait par tradition que ce Portrait peint sur une Table d'argent, fut donné au College de Chirurgie par Saint Louis son Fondateur, après sa premiere expédition contre les Infideles. Il porte pour Inscription : SIC IN SARACENOS.

DÉTAILS DE LA FAÇADE

DE LA RUE DES CORDELIERS.

PLANCHE VIII.

Vue perspective des Écoles de Chirurgie prise de la place de l'Observance. On y voit une partie du portail de l'Église des Cordeliers, tel qu'il existe présentement.

PLANCHE IX.

ÉLÉVATION géométrale sur la rue des Cordeliers.

PLANCHE X.

BAS-RELIEF de 30 pieds de long sur 8 pieds de haut, placé au-dessus de la porte d'entrée sur la rue des Cordeliers. Le Roi Louis XV suivi de Minerve, de la Force & de l'Abondance, ordonne la construction de cet Édifice: le Génie de l'Architecture en présente les plans: la Chirurgie secondée par la Vigilance & par la Prudence, rend des actions de graces au Roi. Le reste de l'espace dans l'éloignement est occupé par des groupes de Blessés & de Malades. Ce Bas-relief est de M. Berruer, Sculpteur du Roi.

PLANCHE XI.

PORTE d'entrée, avec les détails de la grille, dont les ornemens sont exécutés en bronze. Le chiffre & les fleurs-de-lis indiquent le Fondateur; les serpents & le bâton d'Esculape désignent la Chirurgie.

PLANCHE XII.

DÉTAILS d'un des côtés de la porte d'entrée, où sont placées les Inscriptions qui indiquent le temps de la fondation, & les motifs qui l'ont déterminée. Au-deſſus de ces Inſcriptions, on a mis un Bas-relief ſymbolique repréſentant une tête d'Apollon ſur des bâtons en ſautoir entourés de ſerpents, ſoutenus de cornes d'abondance, & entrelacés de branches de laurier, pour faire alluſion au Dieu de la Médecine & à la magnificence des deux Souverains qui ont fait conſtruire ces Écoles.

L'Inſcription gravée eſt placée à gauche en entrant ; voici celle qui eſt à droite :

DU REGNE DE LOUIS XVI.

Le peu d'eſpace des Écoles de Chirurgie trop reſſerrées pour le nombre des Éléves, l'éloignement de l'École-Pratique, le défaut d'un lieu ſéparé pour l'inſtruction des Femmes dans l'Art des Accouchemens, ont fait long-temps déſirer un autre emplacement.

Louis XV, zélé pour le progrès d'un Art ſi utile à l'humanité, ordonna de conſtruire ſur le terrein de l'ancien College de Bourgogne, un Édifice aſſez ſpacieux pour remédier à ces inconvéniens, & aſſez noble pour répondre à l'importance de cet Art ſalutaire. Ce projet digne d'un Prince chéri de ſes Sujets, autant qu'il les aimoit lui-même, a été terminé ſous le Regne de ſon auguſte Succeſſeur.

PLANCHE XIII.

Coupe ſur la longueur de la Bibliothéque & du Périſtyle, où l'on voit le Cabinet d'Anatomie, l'Eſcalier, l'Hôpital des femmes, la Sacriſtie & la Chapelle.

PLANCHE XIV.

Vue perſpective de l'intérieur de la grande Cour, priſe de la porte d'entrée.

PLANCHE XV.

Élévation géométrale du fond de la Cour, où l'on apperçoit l'entrée principale du grand Amphithéâtre.

Dans l'aîle gauche, Coupe de la Salle des Actes, dans laquelle on voit la Tribune du Profeſſeur, & la place au-deſſous pour le Candidat ; au premier Étage, Coupe de la Salle de l'Académie.

Dans l'aîle droite, Coupe de l'Escalier servant à l'usage de l'Inspecteur des Écoles, du Bibliothécaire, &c. &c.

PLANCHE XVI.

BAS-RELIEF dans le fronton du frontispice du grand Amphithéâtre. On y a représenté la Théorie & la Pratique se donnant la main, qui se jurent sur un autel une éternelle union. Les spéculations de la Théorie sont désignées par des Génies qui feuilletent des livres, & les travaux de la Pratique sont représentés par des Génies occupés de dissections & de démonstrations anatomiques. Ce Bas-relief est de M. Berruer, Sculpteur du Roi.

PLANCHE XVII.

PROFILS de l'ordre Corinthien & de l'ordre Ionique, avec les détails de leurs chapiteaux & autres ornemens.

PLANCHE XVIII.

DÉTAIL en grand de l'ordre Ionique, & de la frise qui passe derriere les grandes Colonnes corinthiennes, dans laquelle sont placés les Portraits en médaillons, d'Ambroise Paré, de Jean Pitard, de George Maréchal, de François de la Peyronie & de Jean-Louis Petit, tous Chirurgiens très-célèbres, qui ont honoré l'École Française.

PLANCHE XIX.

Détails de l'aîle gauche du Bâtiment.

COUPE dans la longueur de la Salle des Actes, décorée de Statues des différentes Sciences relatives à la Chirurgie, telles que la Pharmacie, l'Ostéologie, la Botanique, la Myologie, la Pathologie & l'Angiologie, peintes à fresque, par M. Gibelin. On voit en coupe la Statue du feu Roi. Au premier étage, la coupe de l'Escalier, de l'Antichambre, de la Salle de l'Académie, de la Salle du Conseil, & celle du Bureau d'Administration, dont l'usage est indiqué dans l'explication du Plan.

EXPLICATION

PLANCHE XX.

STATUE en marbre décorant le fond de la Salle des Actes, repréfentant le feu Roi, donnée par Sa Majefté Louis XVI, ainfi qu'il eft indiqué par l'Infcription.

PLANCHE XXI.

DÉTAIL d'une niche de la Salle des Actes, avec la figure de l'Angiologie.

PLANCHE XXII.

FOND de l'Efcalier orné d'une Statue de la Santé, peinte à frefque, par M. Gibelin; & détail de la rampe de l'efcalier.

PLANCHE XXIII.

DÉTAIL d'une portion de menuiferie de la Salle de l'Académie, avec le Poêle, fur lequel eft placé une Statue repréfentant un Écorché, par M. Houdon, Sculpteur du Roi.

DÉTAILS
DU GRAND AMPHITHÉATRE.

PLANCHE XXIV.

Coupe prise depuis le cul-de-sac du Paon, jusqu'à la rue des Cordeliers, comprenant le grand Amphithéâtre avec l'arrangement des gradins, l'aîle droite de la cour, la coupe du périftyle & au-deffus la coupe de la Bibliothèque.

PLANCHE XXV.

Coupe de l'Amphithéâtre des Sages-femmes, qui traverfe dans fa longueur le grand Amphithéâtre & l'École-pratique. Sur la porte d'entrée du grand Amphithéâtre, deux Buftes de marbre, exécutés par le Moine, Sculpteur du Roi, repréfentent, l'un François de la Peyronie, premier Chirurgien de Louis XV, l'autre M. de la Martiniere, actuellement premier Chirurgien du Roi. Ces deux Buftes furent donnés par M. Houftet, premier Chirurgien du feu Roi de Pologne. Au-deffus eft une Peinture à frefque de 72 pieds de long fur 18 pieds de haut, exécutée par M. Gibelin.

PLANCHES XXVI, XXVII, XXVIII.

Allégorie relative à l'Art, divifée en trois parties. La principale repréfente le Roi Louis XVI, accordant fa protection à la Chirurgie ; la France à fes genoux lui témoigne fa reconnoiffance ; le Génie de l'amour des peuples met fur fa tête une couronne de cœurs. Parmi les vertus qui entourent fon trône, on diftingue la Prudence, la Bonté, la Libéralité, & la Munificence : l'Infcription de ce Tableau eft,

LA BIENFAISANCE DU MONARQUE
HATE LEURS PROGRÈS
ET RÉCOMPENSE LEUR ZÈLE.

EXPLICATION DES PLANCHES.

Dans la feconde divifion, la théorie de l'Art eft indiquée par Efculape qui découvre les fecrets de l'Anatomie. Dans le nombre de fes Sectateurs, on remarque Andromachus pofant fa main fur un vafe intitulé ΘΕΡΙΑΚΕ : dans un coin féparé, l'Étude paroît n'être occupée qu'à lire & à méditer à la lueur d'une lampe. On lit au deffous :

ILS TIENNENT DES DIEUX LES PRINCIPES
QU'ILS NOUS ONT TRANSMIS.

La troifieme divifion exprime la pratique de l'Art la plus noble : on y voit des Généraux bleffés que des Chirurgiens, s'expofant généreufement, retirent de la mêlée, pour mettre le premier appareil à leurs bleffures. Elle a pour Infcription :

ILS ÉTANCHENT LE SANG CONSACRÉ
A LA DÉFENSE DE LA PATRIE.

Cet ouvrage eft compofé & exécuté à frefque, par M. Gibelin.

PLANCHE XXIX.

Vue perfpective de l'intérieur du grand Amphithéâtre aux heures des leçons.

PLANCHE XXX.

Élévation géométrale de l'Amphithéâtre des Sages-femmes, du grand Amphithéâtre & l'Ecole-pratique du côté du cul-de-fac du Paon.

FIN.

EXTRAIT DES REGISTRES
DE L'ACADÉMIE ROYALE D'ARCHITECTURE.

Ce Lundi quatorze Février mil sept cent quatre-vingt.

L'ACADÉMIE étant assemblée, Messieurs LE ROI, l'Abbé LE BOSSU, & PEIRE l'aîné, ayant examiné les Gravures & la Description du Projet général que M. GONDOIN a fait pour les Écoles de Chirurgie, ils croient que ce Recueil intéressant, par les objets qu'il renferme, est très-digne d'être imprimé & publié sous le Privilége de l'Académie, & elle a approuvé le rapport des Commissaires susnommés.

Certifié conforme à ce qui est porté sur les Registres, ce 14 Février 1780.

SEDAINE, Secrétaire perpétuel.

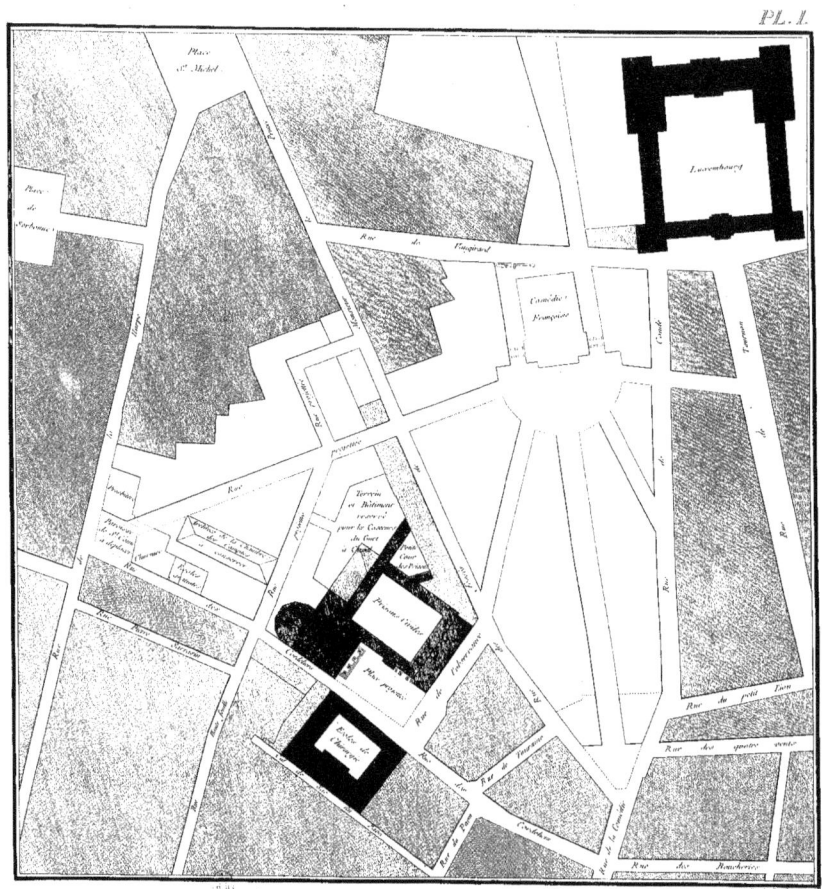

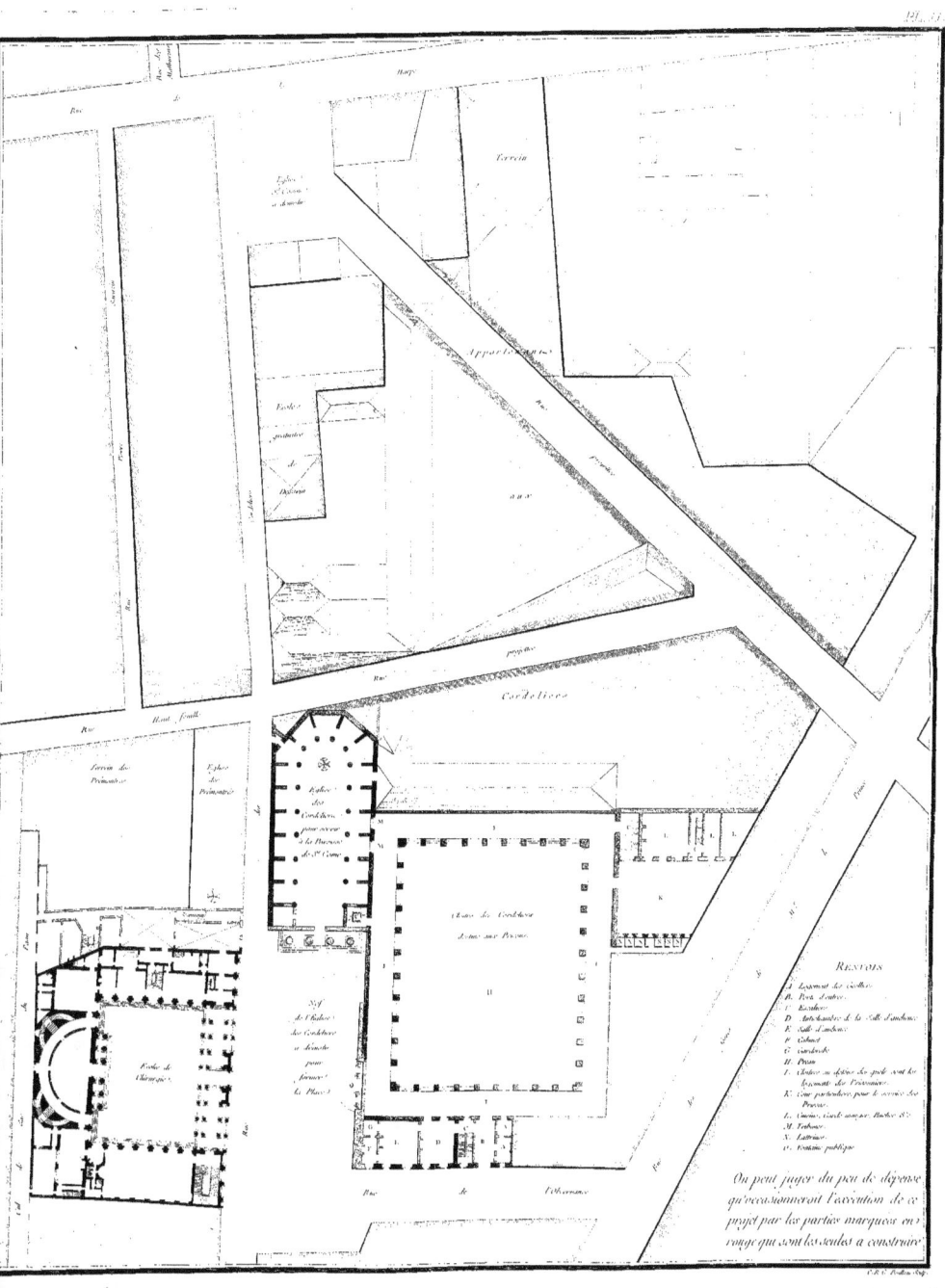

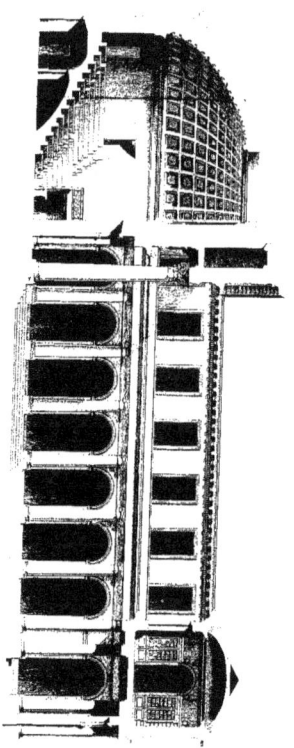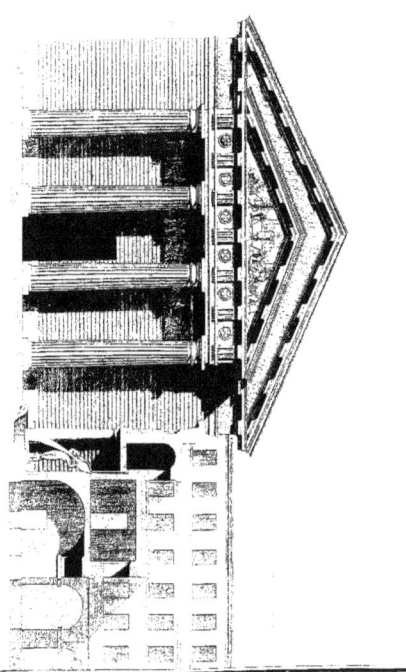

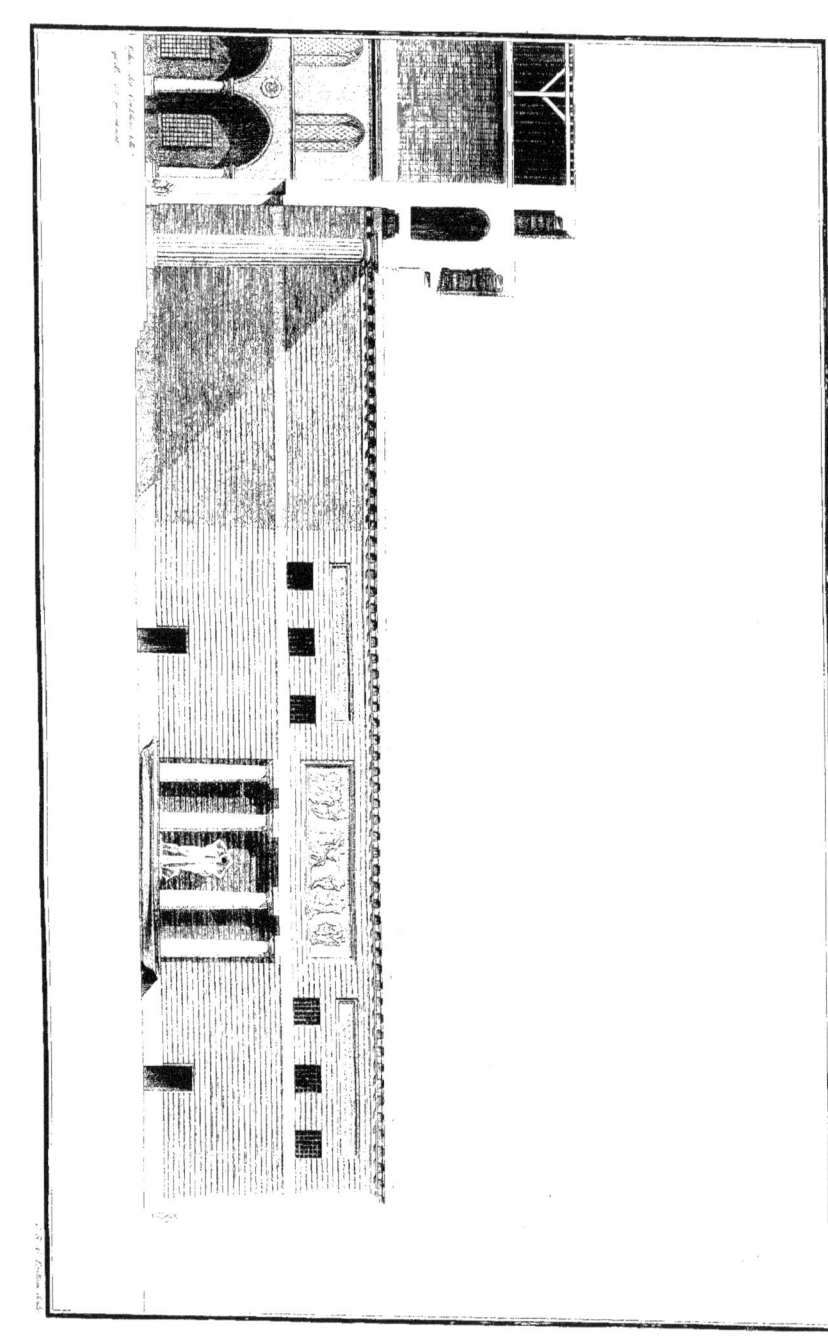

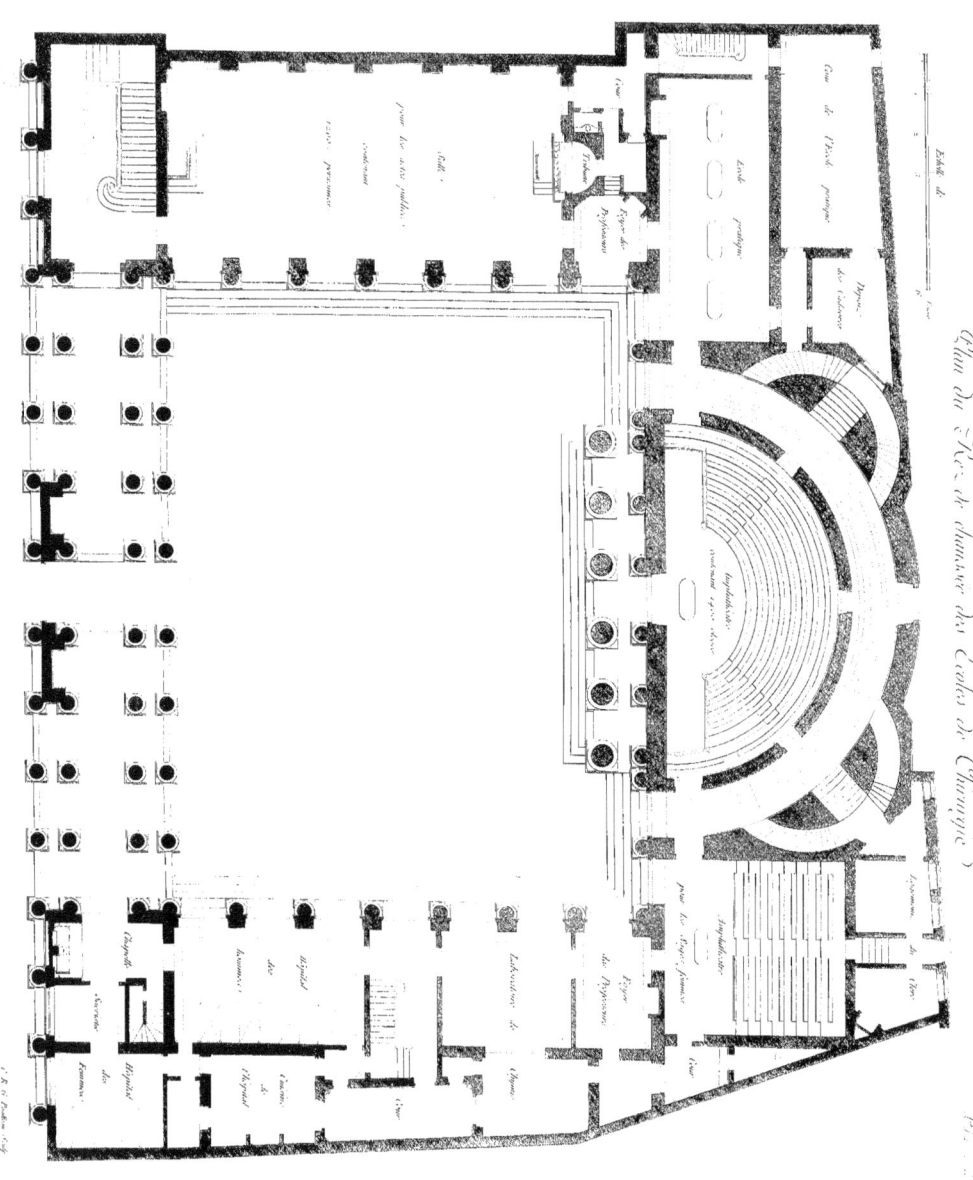

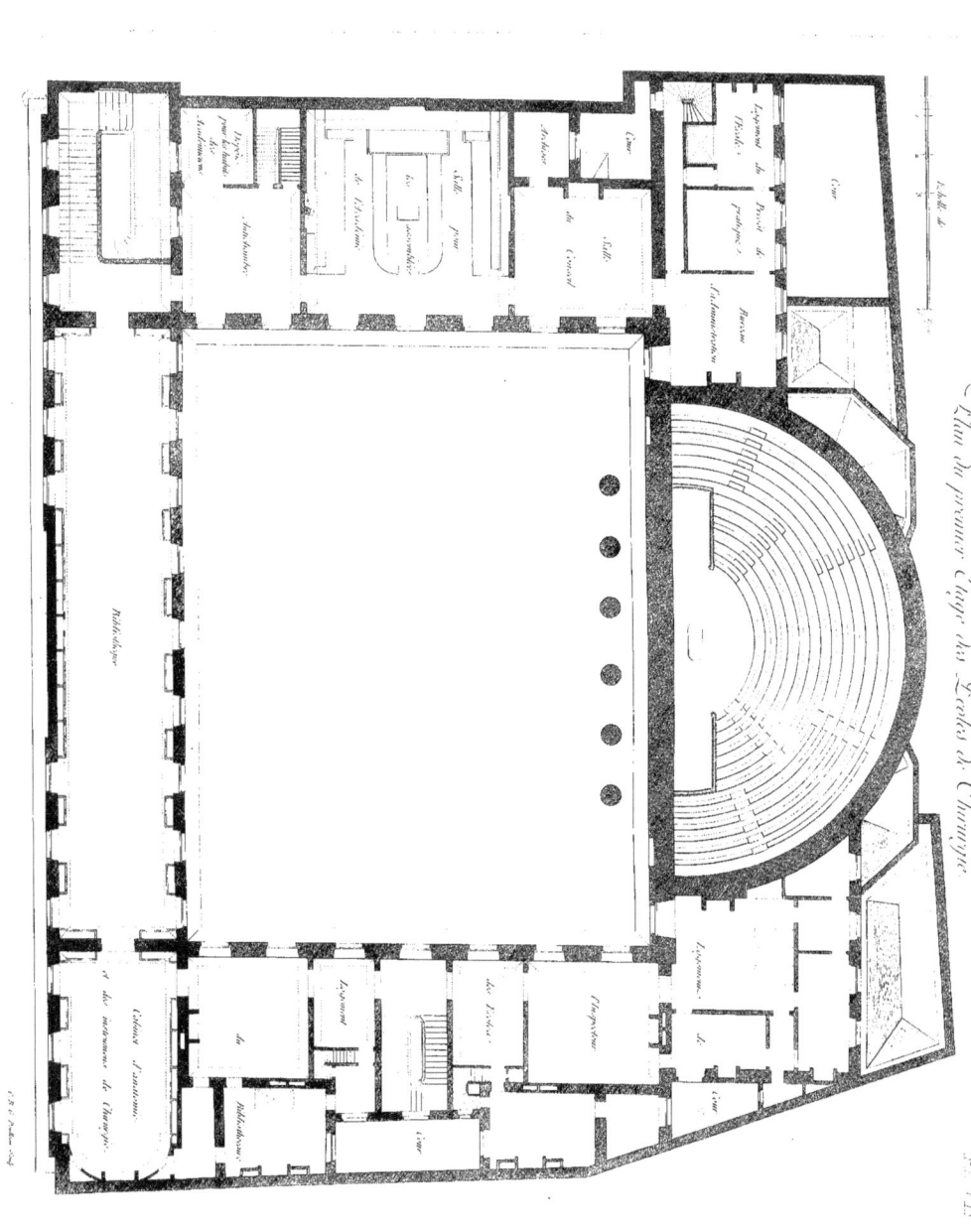

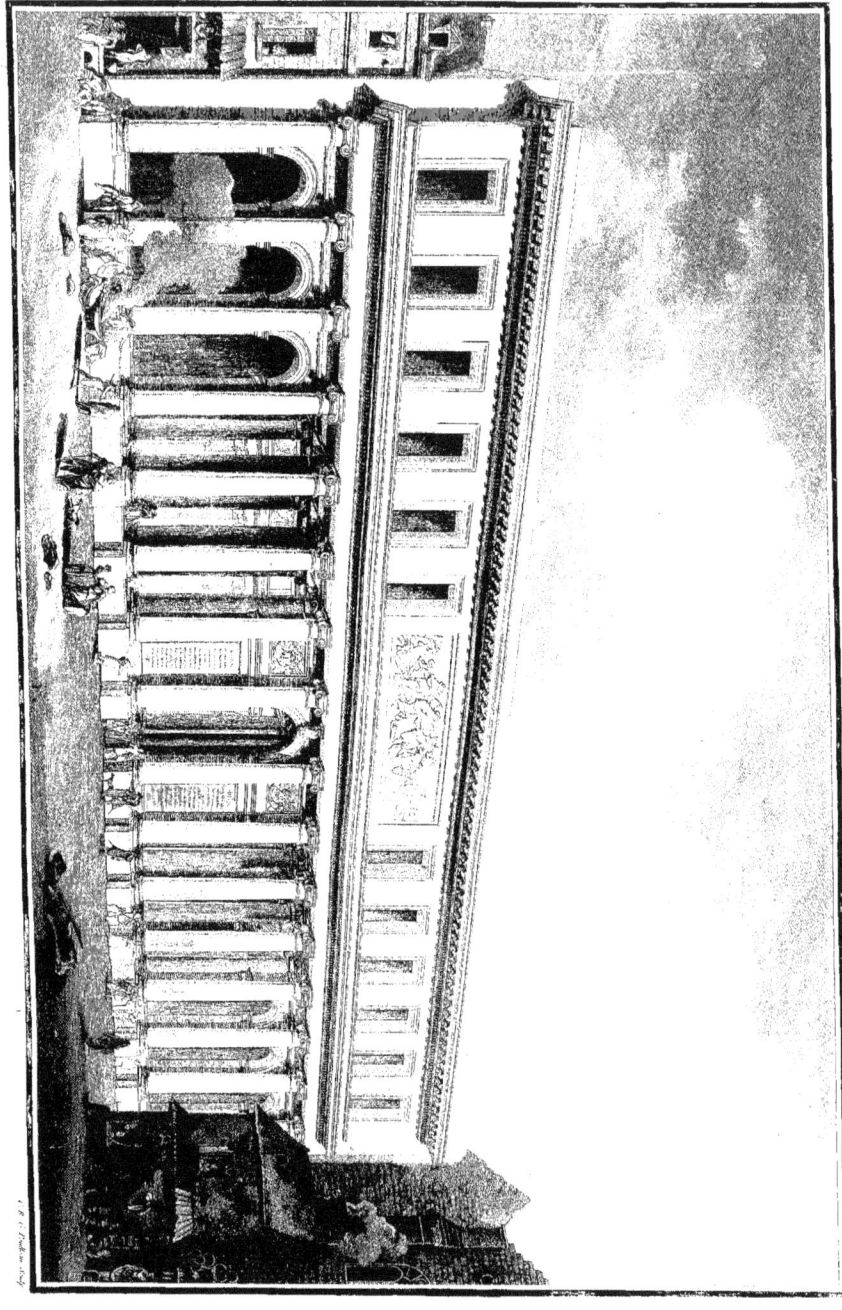

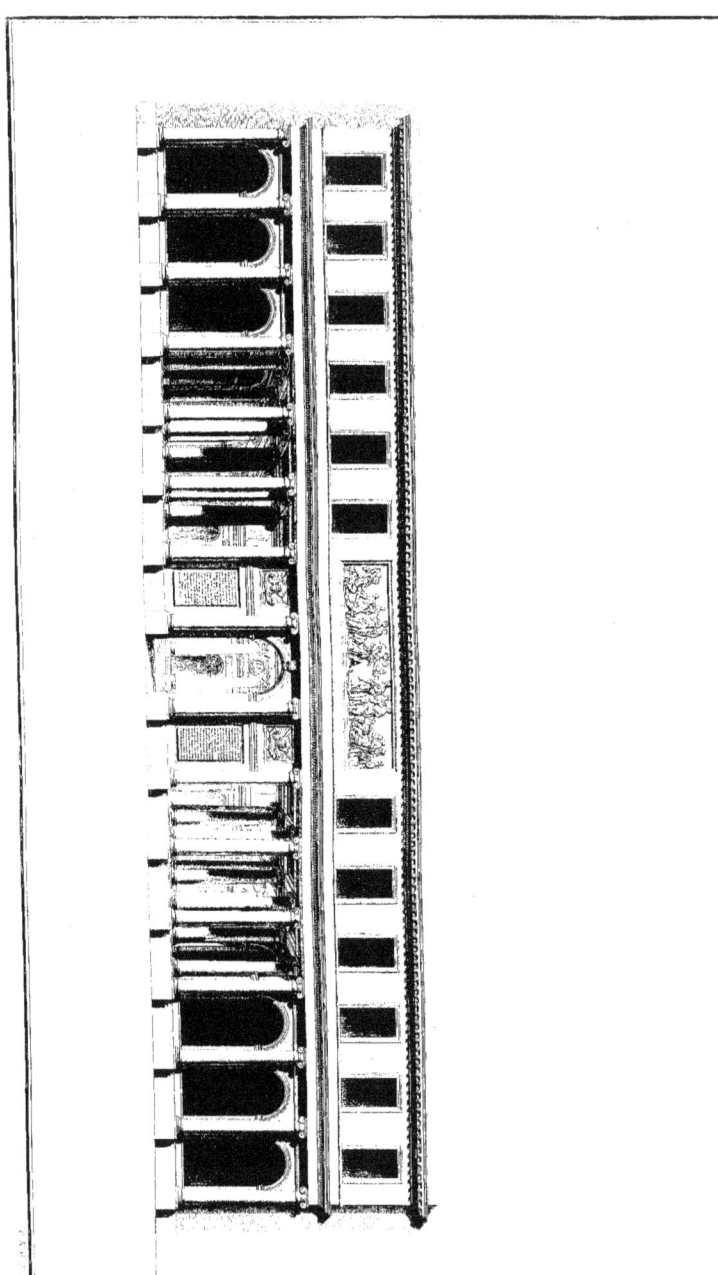

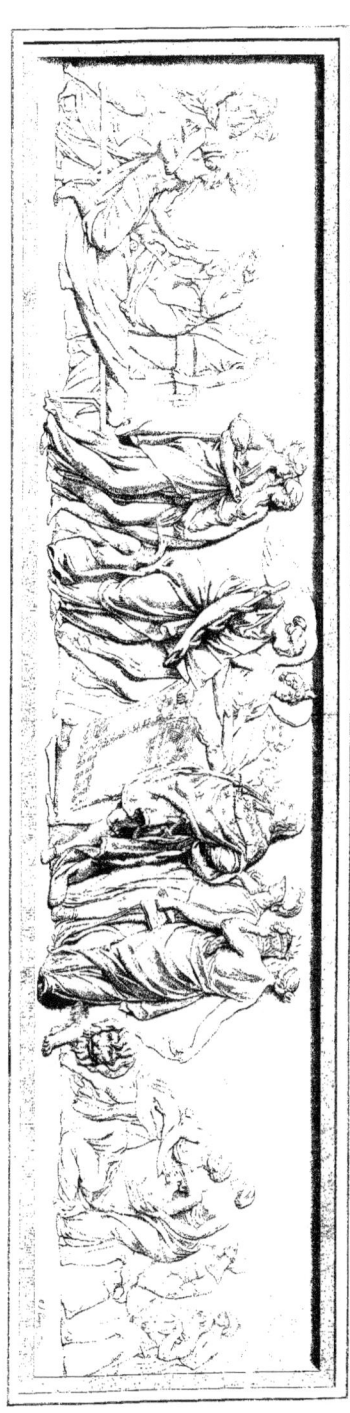

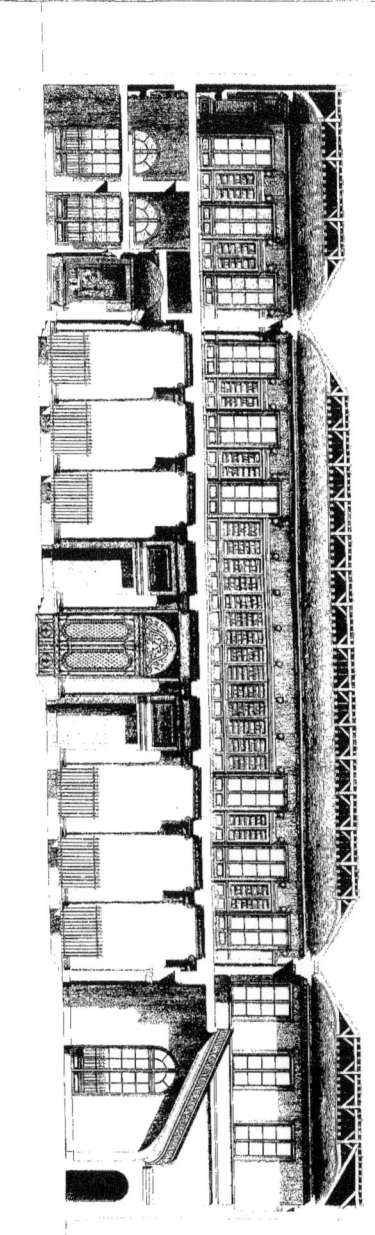

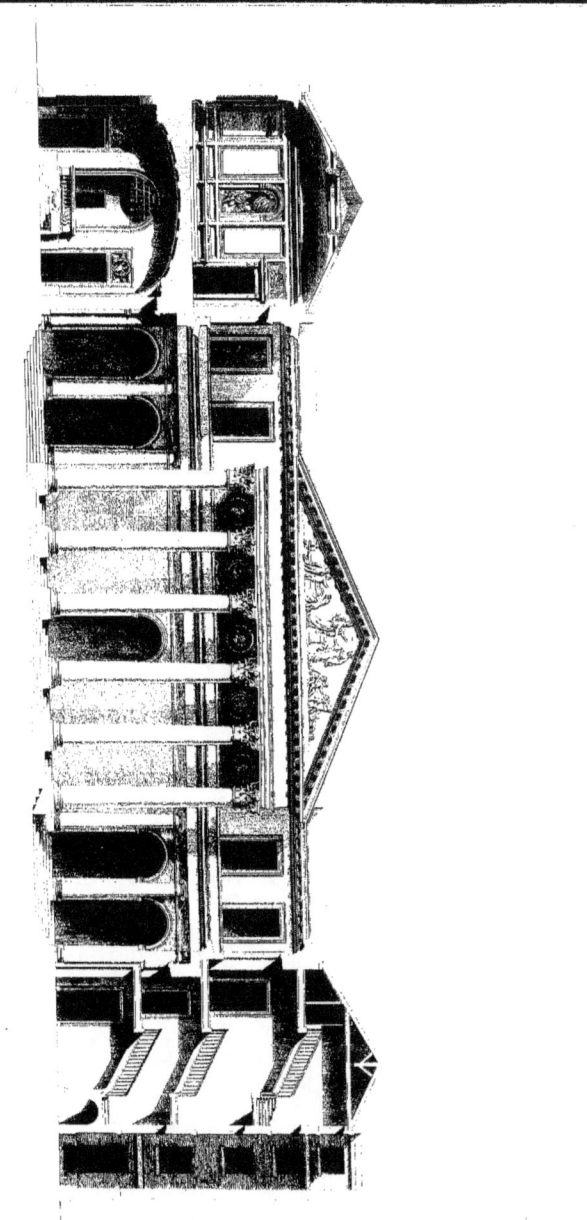

Pl. XII

Pl. XVI.

Pl. XXIII.

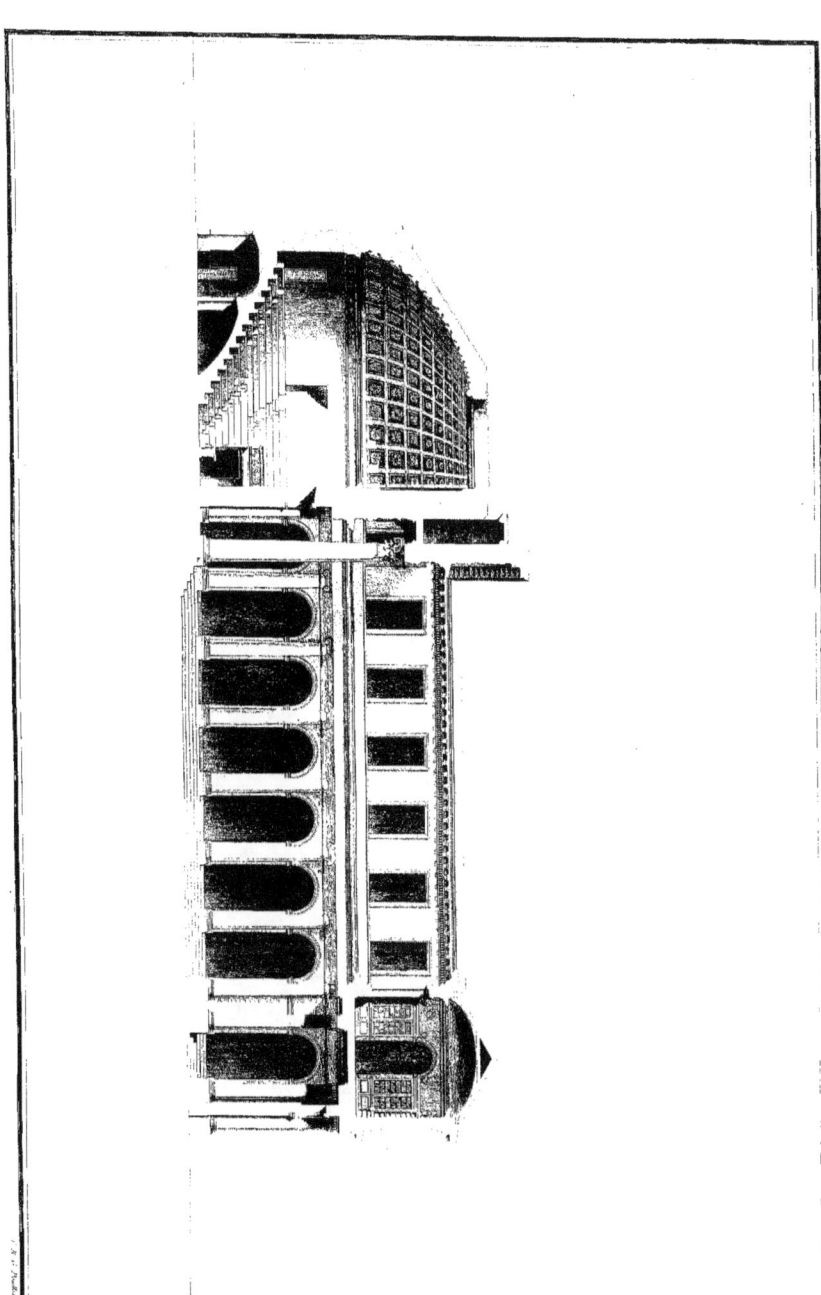

PL. XXII.

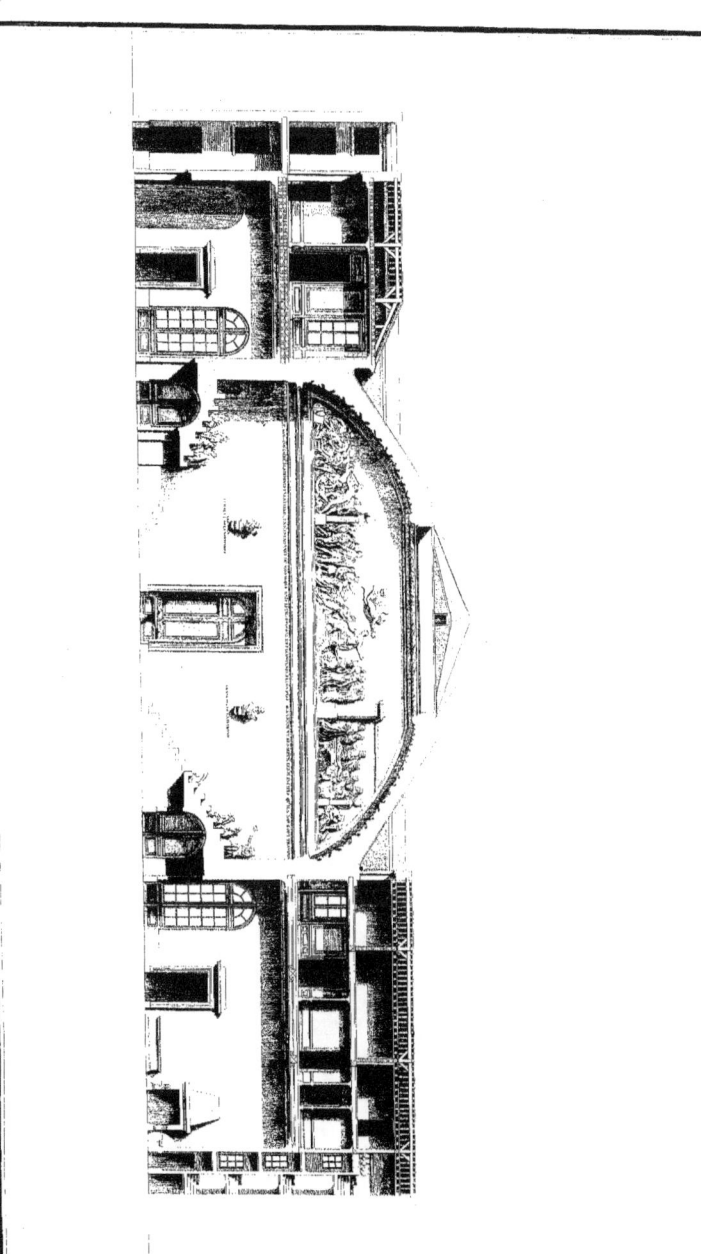

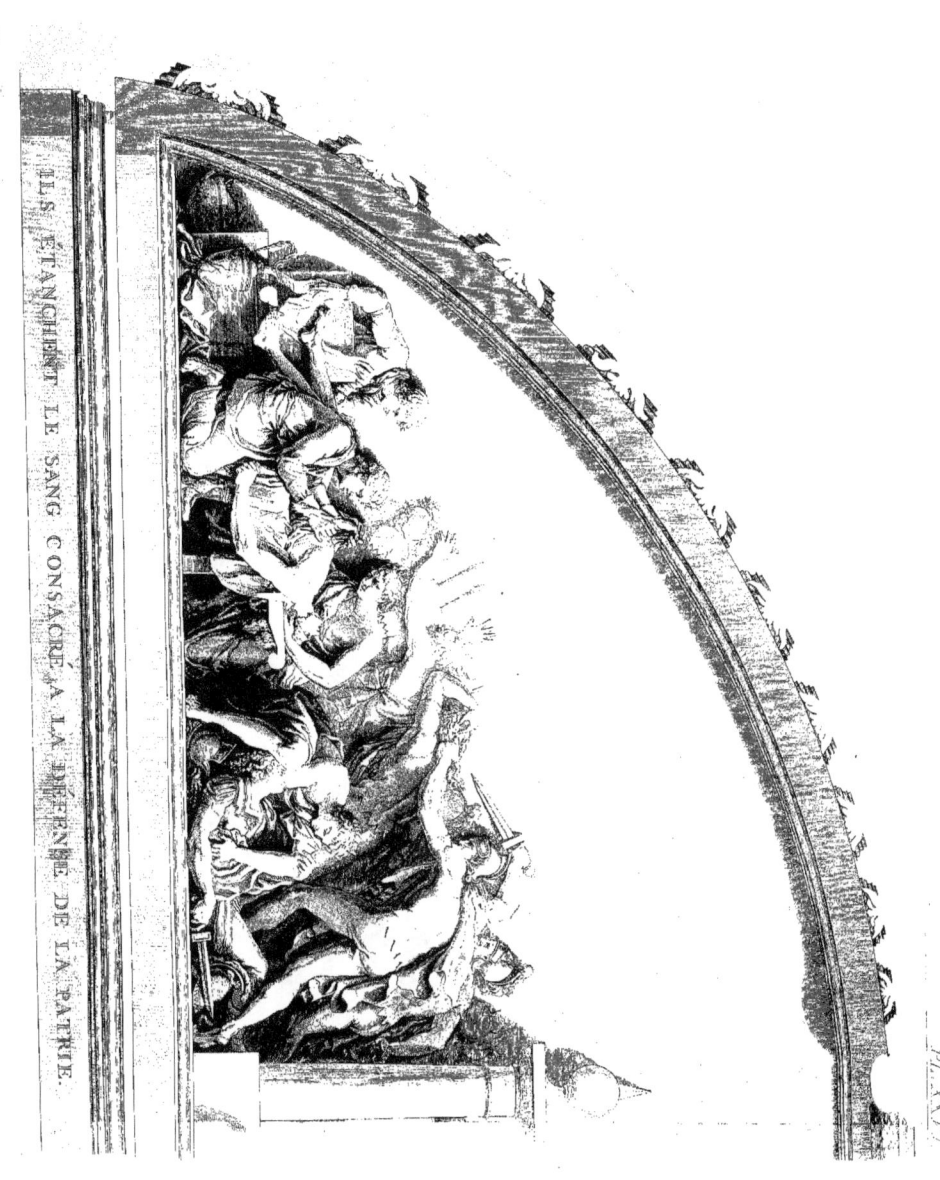

ILS ÉTANCHENT LE SANG CONSACRÉ A LA DÉFENSE DE LA PATRIE.

Pl. XVI.

LA RENAISSANCE DU MONARQUE HATE LEURS PROGRÈS ET RECORDIANTE LEUR ZÈLE

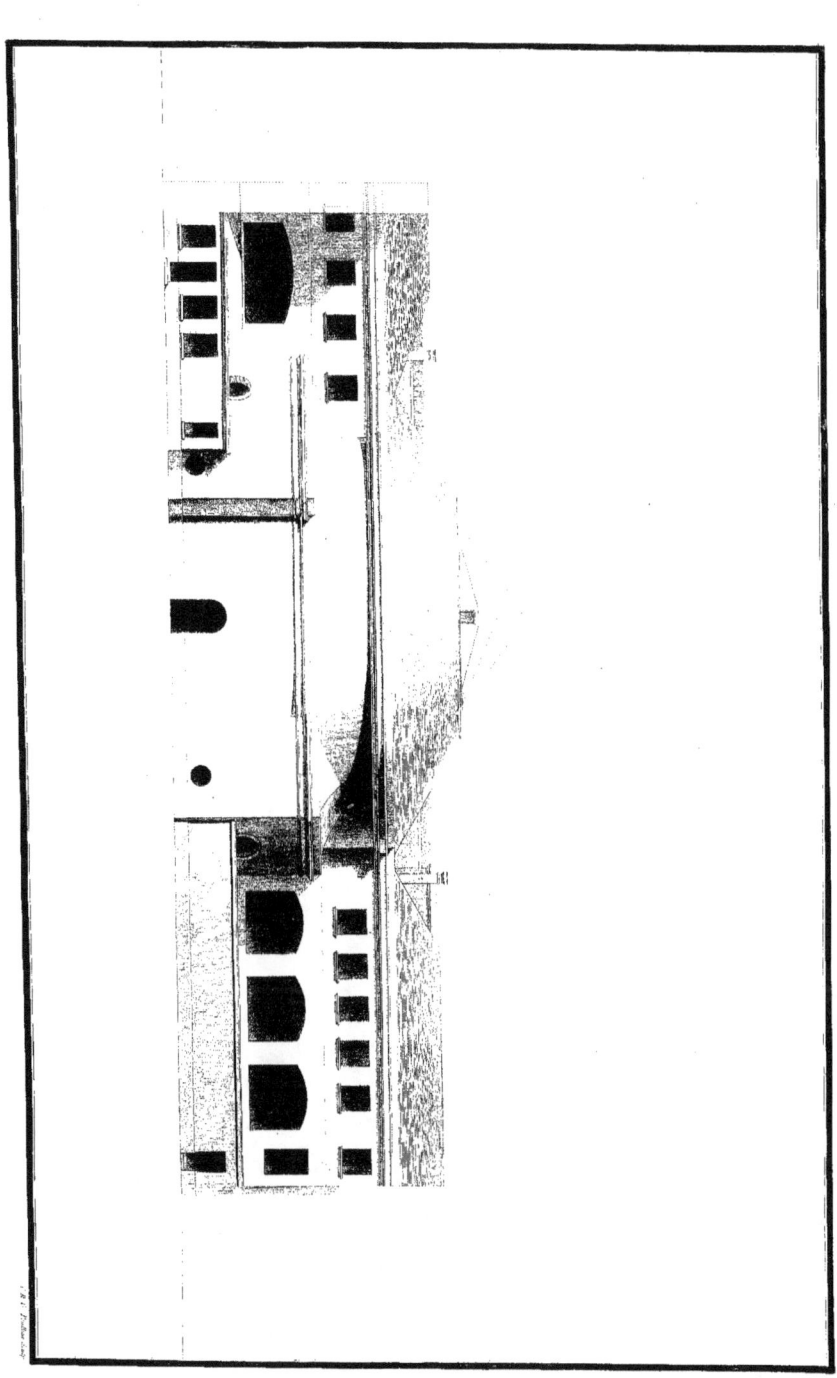

www.ingramcontent.com/pod-product-compliance
Lightning Source LLC
LaVergne TN
LVHW020948090426
835512LV00009B/1774